Todos los derechos reservados. Esta publicación no puede ser reproducida, distribuida o transmitida en forma alguna o por cualquier medio, incluido fotocopias, o cualquier medio electrónico o mecánico sin el permiso del escritor o del editor, ya sea en parte o en su totalidad.

Todas las historias son ficción y cualquier parecido con la realidad es pura coincidencia.

Índice

Introducción	5
Trufas de chocolate	10
Sardinas a la sal	14
Crema catalana	20
Pulpo a feira	24
Fideuá con gambas	30
Chorizo a la sidra	34
Callos a la madrileña	38
Natillas	44
Pimientos rellenos de carne picada	48
Crema de calabacín	54
Flan de coco	58
Chipirones en su tinta	64
Patatas a la riojana	70

Arroz con leche _____ 76

Tortilla de atún _____ 80

Tabla de equivalencias _____ 84

Notas _____ 88

Otros títulos publicados _____ 94

"Cocinar es un arte y un acto de generosidad"

"Cooking is an art and an act of generosity"

INTRODUCCIÓN

Dentro de Improve Spanish Reading os presentamos Let´s cook Spanish food, una serie de libros de recetas de comida típica española, con las que aprender de una manera práctica el idioma español.

En ellos se ofrece, tanto al estudiante como al profesor, el material necesario para el desarrollo del aprendizaje de la lengua española mediante tareas. La actividad propuesta, cocinar un plato español, nos acerca a la cultura gastronómica, fomentando el uso real de la lengua.

Estas propuestas prácticas nos llevarán al aprendizaje de nuevo vocabulario y expresiones que podremos incorporar de manera sencilla al día a día.

Y es que, como todos sabemos, las cosas que se hacen se aprenden.

En cada libro encontraremos:

Quince recetas de cocina, explicadas paso a paso: ingredientes y preparación.

Fotografías de cada plato

Trucos y consejos

Vocabulario útil

Tabla de equivalencias sistema inglés-español

MÉTODO

Para optimizar el aprendizaje y sacar el máximo partido a cada receta, proponemos leer el vocabulario útil de cada plato, antes de comenzar.

Posteriormente leer la receta dos veces y preparar los ingredientes. Ahora, ya estás listo para cocinar comida española. ¡Disfruta y aprende!

INTRODUCTION

As part of Improve Spanish Reading we introduce you Let's cook Spanish food, a series of typical Spanish food recipes to learn in a practical way the Spanish language.

Thus both the student and the teacher can find the necessary material for the development of learning the Spanish language through activities. The suggested task, cooking a Spanish dish, brings us closer to the gastronomic culture, promoting the real use of the language.

These practical proposals will lead us to learning new vocabulary and expressions that we can incorporate in a simple way in our daily life.

As we all know, things that are done are learned.

In every book we will find:

Fifteen recipes of cooking, explained step by step: ingredients and preparation.

Photographs of each dish.

Tricks and tips.

Useful vocabulary.

Table of equivalences English-Spanish system.

METHOD

To optimize learning and get the most out of each recipe, we suggest to read the useful vocabulary, of each dish, before starting.

Then read the recipe twice and prepare the ingredients. Now, you are ready to cook Spanish food.

Enjoy and learn!

LET'S COOK
SPANISH FOOD

TRUFAS DE CHOCOLATE

Ingredientes para 4 personas

180 gr de chocolate para fundir

50 gr de nata líquida

25 gr de mantequilla

210 gr de azúcar glas

2 yemas de huevo

200 gr de fideos de chocolate

Preparación

Cortar el chocolate en trozos. Ponerlo a calentar al baño maría para derretirlo por completo.

Poner la nata en un recipiente y verter el chocolate sin dejar de remover la mezcla. Agregar las yemas y la mantequilla derretida. Después añadir el azúcar glas y mezclar bien. Dejar enfriar.

Hacer bolas con la masa. En otro recipiente poner los fideos de chocolate. Introducir las bolas en el interior del recipiente y mover en círculos para que las "trufas" queden envueltas por los fideos.

Servir a temperatura ambiente.

Truco – consejo

Se puede añadir algún licor al gusto a la mezcla. Para poder hacer bien las bolas es aconsejable untarnos las manos con azúcar glas.

Vocabulario

Aconsejable: advisable
Al gusto: taste
Añadir: to add
Azúcar glas: powdered sugar
Baño maría: double boiler, bain marie
Bolas: balls
Calentar: to heat
Chocolate: chocolate
Círculo: circle
Consejo: tip
Cortar: to cut
Dejar enfriar: to leave to cool, to chill
Derretir: to melt
Envuelta: covered
Fideos de chocolate: chocolate noodles
Fundir: to melt
Gramo: gramme, gram
Ingrediente: ingredient
Interior: inside

Introducir: to put into
Licor: liquor
Mantequilla: butter
Masa: dough
Mezcla: mixture
Mezclar: to mix
Nata líquida: cream
Poner: to put
Preparación: preparation
Recipiente: pan, container, bowl
Remover: to stir
Servir: to serve
Temperatura ambiente: room temperature
Trozo: piece
Truco: trick
Untar: to spread
Verter: to pour
Yema: yolk

LET'S COOK
SPANISH FOOD

SARDINAS A LA SAL

Ingredientes para 4 personas

Kilo y medio de sardinas limpias

Sal gruesa

2 tomates de ensalada

4 patatas pequeñas

1 huevo

1 cebolla

1 pimiento verde

2 cucharadas de aceite

Preparación

Cubrir las sardinas con sal gruesa durante una hora.

Pelar las patatas y cortarlas en rodajas. Cortar también en rodajas los tomates y la cebolla. Cortar el pimiento en tiras. Poner las patatas, el tomate, la cebolla y el pimiento en una cazuela con aceite y verter un vaso de agua para la cocción. Mantener el fuego suave durante 30 minutos.

Poner a calentar agua en un cazo. Cuando el agua esté hirviendo, introducir el huevo y dejar cocer durante 10-12 minutos. Pelar la cáscara, cortar en rodajas y reservar.

Retirar la sal a las sardinas. Ponerlas en la cazuela con el resto de ingredientes y dejar cocer 6 minutos más. Añadir un poco de agua.

Para servir, hacer una cama con las verduras y el huevo y colocar las sardinas. Echar un chorrito de aceite por encima.

Truco – consejo

Echar una hoja de laurel en la cocción.

Vocabulario:

Agua: water
Añadir: to add
Calentar: to heat
Cama: base
Cáscara: eggshell
Cazo: saucepan
Cazuela: pan, cooking pot
Chorrito: small stream
Cocción: cooking
Cocer: to cook, to boil
Consejo: tip
Cortar en tiras: to cut into strips
Cortar: to cut
Cubrir: to cover
Cucharada: soup spoon
Echar: to pour
Ensalada: salad
Fuego suave: on a slow burn
Hervir: boil
Ingrediente: ingredient

Introducir: to put into
Laurel: bay
Limpia: clean
Mantener: to keep
Patata: potato
Pelar: to peel
Pequeña: small
Pimiento: pepper
Poner: to put
Preparación: preparation
Retirar: to remove
Rodaja: slice
Sal gruesa: coarse salt
Sardina: sardine
Servir: to serve
Tomate: tomato
Truco: trick
Verde: green
Verduras: vegetables
Verter: to pour

LET'S COOK
SPANISH FOOD

CREMA CATALANA

Ingredientes para 4 personas

½ litro de leche

6 yemas de huevo

1 rama de canela

120 gr de azúcar

30 gr de azúcar para quemar

35 gr de almidón

Preparación

Diluir el almidón en una taza de leche.

Poner el resto de la leche en un cazo. Echar una rama de canela. Calentar sin llegar a hervir.

Batir las yemas. Echar el azúcar y mezclar. Añadir el almidón disuelto en la taza de leche. Mezclar bien.

Verter poco a poco la leche caliente sobre la mezcla sin dejar de remover. Colar el resultado. Poner de nuevo el líquido en el cazo. Cocer a fuego suave sin dejar de remover y sin que llegue a hervir.

Repartir la crema en 4 bols y dejar enfriar. En frío, espolvorear el azúcar y quemar.

Truco – consejo

Junto con la rama de canela echar a la leche una corteza de limón o de naranja y retirar antes de servir.

Vocabulario:

Almidón: cornstarch
Añadir: to add
Azúcar: sugar
Batir: to beat, to whisk
Bol: bowl
Calentar: to heat
Cazo: saucepan
Colar: to strain
Consejo: tip
Corteza de limón: lemon rind
Crema: cream
Dejar enfriar: to leave to cool, to chill
Diluir: to dilute
Disuelto: dissolved
Echar: to pour
Espolvorear: to sprinkle
Fuego suave: low heat
Hervir: to boil
Ingrediente: ingredient

Leche: milk
Mezclar: to mix
Naranja: orange
Poner: to put
Preparación: preparation
Quemar: to burn
Remover: to stir
Repartir: to share
Resto: rest
Resultado: result
Retirar: to remove
Taza: cup
Truco: trick
Yema: yolk

LET'S COOK
SPANISH FOOD

PULPO A FEIRA

Ingredientes para 4 personas

1 kilo de pulpo

2 cucharadas de pimentón dulce

2 cucharaditas de pimentón picante

Aceite de oliva

Sal gruesa

Preparación

Si el pulpo no es congelado, ablandarlo golpeándolo con la maza de un mortero, por ejemplo.

Sumergir el pulpo en agua hirviendo 3 veces hasta la cabeza (meter y sacar rápidamente). Después sumergir por completo y dejar cocer 30 minutos. Tras este tiempo, pinchar el pulpo y notar que el pincho entra suavemente.

Dejar reposar 10 minutos en el agua, sin fuego.

Sacar el pulpo del recipiente. Escurrir y cortarlo en rodajas. Colocar las rodajas en un plato para servir. Sazonar con sal gruesa y aderezar con aceite de oliva. Mezclar los pimentones y espolvorear las rodajas.

Truco – consejo

Sumergir el pulpo en agua hirviendo 3 veces antes de comenzar a cocer para que las ventosas de los tentáculos se contraigan. Se puede cocer una patata y cortarla en rodajas para decorar el centro del plato.

Vocabulario:

Ablandar: to soften
Aceite de oliva: olive oil
Aderezar: to season
Cocer: to cook, to boil
Colocar: to put
Congelado: frozen
Consejo: tip
Contraer: to tighten
Cortar: to cut
Cucharada: soup spoon
Cucharadita: teaspoon
Decorar: to decorate
Dulce: sweet
Escurrir: to drain
Espolvorear: to sprinkle
Golpear: to hit
Hirviendo: boiling
Ingrediente: ingredient
Maza: mallet, mace
Meter: put into

Mezclar: to mix
Mortero: mortar
Notar: to notice, to note
Picante: spicy
Pimentón: paprika
Pinchar: to poke, to prick
Pincho: skewer
Por completo: completely
Preparación: preparation
Pulpo: octopus
Rápidamente: quickly
Recipiente: pan, container, bowl
Reposar: to stand
Rodaja: slice
Sacar: take out
Sal gruesa: coarse salt
Sazonar: to season
Servir: to serve
Suavemente: gently, softly
Sumergir: to immerse
Tentáculo: tentacle
Truco: trick

Ventosa: sucker

LET'S COOK
SPANISH FOOD

FIDEUÁ CON GAMBAS

Ingredientes para 4 personas

350 gr de fideos cortos especiales para fideuá

12 gambas

24 almejas

Aceite de oliva

Sal al gusto

Preparación

Pelar las gambas y eliminar la venita dorsal. Cocer las almejas para que se abran, sacar la carne y reservar.

En una sartén freír ligeramente las gambas y las almejas. Utilizar ese mismo aceite para saltear los fideos. Agregar caldo de pescado (mejor natural) y cocer durante unos 17-20 minutos. Unos minutos antes colocar las gambas y las almejas sobre los fideos. Dejar reposar 5 minutos más sin fuego y servir.

Truco – consejo

Espolvorear con perejil picado muy fino. Las almejas se pueden sustituir por trozos de merluza u otro pescado.

Vocabulario:

Aceite de oliva: olive oil
Agregar: to incorporate, to add
Almeja: clam
Caldo de pescado: fish stock
Carne: meat
Cocer: to cook, to boil
Consejo: tip
Corto: short
Dorsal: dorsal
Espolvorear: to sprinkle
Fideo: noodle
Fino: fine
Freír: to fry
Gamba: shrimp
Ingrediente: ingredient
Ligeramente: slightly, lightly
Merluza: hake
Pelar: to peel
Perejil: parsley
Pescado: fish

Picado: to cut up finely

Preparación: preparation

Reposar: to stand

Reservar: to set aside

Sal: salt

Saltear: sauté, stir fry

Sartén: frying pan

Servir: to serve

Sustituir: to replace

Trozo: piece

Truco: trick

Utilizar: to use

Venita: small vein

LET'S COOK
SPANISH FOOD

CHORIZO A LA SIDRA

Ingredientes para 4 personas

500 gr de chorizo

½ litro de sidra

Pan

Preparación

Cortar el chorizo en rodajas gruesas. Colocar las rodajas en una cazuela y cubrir con la sidra.

Calentar a fuego lento. Hervir hasta que la sidra reduzca a la mitad.

Pinchar el chorizo y comprobar que está tierno.

Servir acompañado de unas rodajas de pan.

Truco – consejo

Un pan hecho en horno de leña es el más adecuado para acompañar este plato.

Vocabulario:

A fuego lento: on a low heat
Acompañar: to serve with
Adecuado: appropriate
Calentar: to heat
Cazuela: pan, cooking pot
Chorizo: chorizo, spicy pork sausage
Colocar: to put
Comprobar: to test
Consejo: tip
Cortar: to cut
Cubrir: to cover
Gruesa: thickness
Hervir: to boil
Horno: oven
Ingrediente: ingredient
Leña: firewood
Mitad: half
Pan: bread
Pinchar: to poke, to prick
Preparación: preparation

Reducir: to reduce

Rodaja: slice

Servir: to serve

Sidra: cider, hard cicer

Tierno: tender

Truco: trick

LET'S COOK
SPANISH FOOD

CALLOS A LA MADRILEÑA

Ingredientes para 4 personas

400 gr de callos de ternera cocidos

Chorizo

Beicon

Cebolla

Un vaso de vino blanco

½ litro de caldo de carne

Una cuharadita de pimentón

Aceite de oliva

Sal y pimienta: salt and pepper

Preparación

Picar la cebolla muy fina. Cortar el beicon en tiras estrechas. Cortar el chorizo en rodajas finas.

Freír en una cazuela con un poco de aceite la cebolla y el beicon a fuego moderado durante 5 minutos. Cuidado con la cebolla, para que no se queme, debe quedar dorada.

Añadir el chorizo, el caldo de carne, los callos y el vino blanco.

Echar sal y pimienta al gusto. Agregar la cucharadita de pimentón. Cocer a fuego medio durante 30 minutos.

Servir los callos junto con el caldo.

Truco – consejo

El pimentón puede ser dulce o picante, según el gusto de los comensales.

Vocabulario:

Aceite de oliva: olive oil
Al gusto: taste
Añadir: to add
Beicon: bacon
Caldo de carne: meat stock
Callos: tripe
Cazuela: pan, cooking pot
Cebolla: onion
Chorizo: chorizo, spicy pork sausage
Cocido: cooked, boiled
Cocinar a fuego medio: to cook over medium fire
Cocinar a fuego moderado: to cook over medium fire
Comensal: diner
Consejo: tip
Cortar en tiras: to cut into strips
Cortar: to cut
Cucharadita: teaspoon
Cuidado: attention
Dorada: brown

Dulce: sweet

Estrecha: narrow, thin

Fina: fine

Freír: to fry

Gusto: flavour, flavor

Ingrediente: ingredient

Picante: spicy

Picar: to poch

Pimentón: paprika

Pimienta: pepper

Preparación: preparation

Rodaja: slice

Sal: salt

Servir: to serve

Ternera: veal, beef

Truco: trick

Vino blanco: white wine

LET'S COOK
SPANISH FOOD

NATILLAS

Ingredientes para 4 personas

1 litro de leche entera

175 gr de azúcar

6 yemas de huevo

2 cucharadas de harina de maíz

2 canela en rama

Canela en polvo

Preparación

Batir las yemas en una cazuela y mezclar con el azúcar y la harina.

En otro cazo calentar la leche a fuego suave junto con la canela en rama.

Cuando la leche rompa a hervir verter la leche poco a poco sobre las yemas. Remover constantemente con unas varillas.

Una vez obtenida la mezcla, poner de nuevo en el fuego hasta llegar al punto de ebullición. Retirar inmediatamente. Dejar enfriar y servir en copas individuales. Espolvorear la canela en polvo por encima.

Truco – consejo

Se puede decorar con una galleta redonda sobre cada natilla.

Vocabulario:

Azúcar: sugar

Batir: to beat, to whisk

Calentar: to heat

Canela en polvo: cinnamon

Canela en rama: cinnamon stick

Cazo: saucepan

Cazuela: pan, cooking pot

Cocinar a fuego suave: to cook over low heat

Consejo: tip

Constantemente: constantly

Copa: cup

Cucharada: soup spoon

Decorar: to decorate

Dejar enfriar: to leave to cool, to chill

Espolvorear: to sprinkle

Galleta: biscuit, cookie

Gramo: gram, gramme

Harina: flour

Hervir: to boil

Individual: individual, single
Ingrediente: ingredient
Inmediatamente: immediately
Leche entera: full cream milk
Litro: litre, liter
Maíz: corn
Mezcla: mixture
Mezclar: to mix
Natillas: custard
Preparación: preparation
Punto de ebullición: at boiling point
Redonda: circular
Remover: to stir
Retirar: to remove
Servir: to serve
Truco: trick
Varilla: rod (to beat)
Verter: to pour
Yema: yolk

LET'S COOK
SPANISH FOOD

PIMIENTOS DEL PIQUILLO RELLENOS DE CARNE

Ingredientes para 4 personas:

16 pimientos del piquillo

300 gr de carne de vacuno y cerdo picada

Cebolleta

Aceite

Sal

Harina

Huevo

Pimienta

Una tacita de leche

Tomate frito casero

Preparación:

En un bol mezclar la carne picada con el huevo y verter una tacita pequeña de leche. Salpimentar al gusto.

Picar la cebolleta muy fina y freír en una cazuela con un chorretón de aceite. Cuando esté blanda, incorporar a la mezcla.

Rellenar los pimientos con la mezcla. Pasar después los pimientos rellenos por harina y freírlos en el mismo aceite en el que hemos frito la cebolleta. Después, echar el tomate frito casero por encima y dejar cocer unos 15 minutos.

Truco – consejo

Se puede incorporar un poco de pan rallado a la carne picada para que esta ligue más y sea más fácil rellenar los pimientos.

Vocabulario:

Aceite: oil
Al gusto: taste
Blanda: soft
Bol: bowl
Carne picada: minced meat
Casero: home-made
Cazuela: pan, cooking pot
Cebolleta: scallion, spring onion
Cerdo: pig
Chorretón: jet
Cocer: to cook, to boil
Consejo: tip
Fácil: easy
Fina: fine
Freír: to fry
Harina: flour
Huevo: egg
Incorporar: to add, to incorporate
Ingrediente: ingredient
Leche: milk

Ligue: thicken
Mezcla: mixture
Mezclar: to mix
Pan rallado: breadcrumbs
Picar: to poch
Pimienta: pepper
Pimiento rojo: red bell pepper
Por encima: over
Preparación: preparation
Rellenar: to fill
Relleno: filled
Sal: salt
Salpimentar: to season
Tacita: small cup
Tomate frito: fried tomato
Truco: trick
Vacuno: beef
Verter: to pour

LET'S COOK
SPANISH FOOD

CREMA DE CALABACÍN

Ingredientes para 4 personas:

3 calabacines

1 patata

2 quesitos en porciones

Aceite de oliva y sal

Unas rebanadas de pan duro

Preparación:

Lavar y cortar los calabacines en dados pequeños. Pelar una patata no muy grande y cortarla en trozos. Colocar los trozos de calabacín y patata en una cazuela y cubrirlos con agua. Poner a hervir unos 20 minutos. Echar la sal al gusto cuando empiece a hervir el agua. Cuando el calabacín y la patata estén cocidos, agregar los quesitos en porciones y triturar todo con la batidora.

Cortar el pan duro del día anterior en dados y freírlos en aceite en una sartén.

Servir la crema con el pan frito por encima, decorando el plato.

Truco – consejo

Si la crema queda demasiado liquida, echar unos copos de puré de patata para espesar.

Vocabulario:

Aceite de oliva: olive oil

Agregar: to incorporate, to add

Batidora: blender

Calabacín: zucchini, courggete

Cazuela: pan, cooking pot

Colocar: to put

Consejo: tip

Copos: flakes

Cortar en dados: to dice

Cortar: to cut

Crema: cream

Cubrir: to cover

Decorar: to decorate

Día anterior: the day before

Espesar: to thicken

Hervir: to boil

Ingrediente: ingredient

Lavar: to wash

Líquida: liquid

Pan duro: hard bread

Patata: potato

Pelar: to peel

Plato: plate, dish

Por encima: over

Preparación: preparation

Puré de patatas: mashed potatoes

Quesito en porciones: mini cream cheese portion

Rebanada: slice

Sal al gusto: salt to taste

Sal: salt

Sartén: frying pan

Servir: to serve

Triturar: to crush

Trozo: piece

Truco: trick

LET'S COOK
SPANISH FOOD

FLAN DE COCO

Ingredientes para 4 personas:

1 bote pequeño de leche condensada

3 huevos

120 gr de coco rallado

Leche

Para el caramelo:

250 gr de azúcar
225 ml de agua

Preparación:

Precalentar el horno a 170º.

Mientras tanto, preparar el caramelo, para ello poner el azúcar con el agua a calentar en un cazo. Cuando comience a hervir, bajar el fuego y dejar que se cueza hasta que tenga un color marrón oscuro.

Verter el caramelo en el fondo de un molde o moldes individuales y dejar que se enfríe.

Batir los huevos en un bol con unas varillas, añadir el coco, la leche condensada y la leche natural y mezclar bien.

Verter la mezcla en el molde con el caramelo ya frío y colocarlo dentro de otro recipiente que contenga agua caliente (baño maría) e introducir en el horno durante una hora.

Desmoldar y servir en un plato.

Truco – consejo

Pasar el filo de un cuchillo por la pared del molde para despegar el flan antes de voltear y servir en el plato.

Vocabulario:

Agua: water
Añadir: to add
Azúcar: sugar
Bajar el fuego: lower de heat
Batir: to beat, to whisk
Bol: bowl
Bote: pot
Calentar: to heat
Caliente: hot
Caramelo: caramel
Cazo: saucepan
Cocer: to cook, to boil
Coco: cononut
Colocar: to put
Color: colour, color
Comenzar: to start
Consejo: tip
Contener: to contain
Cuchillo: knife
Dentro: inside

Desmoldar: to unmold
Despegar: to remove, to detach
Enfriar: to leave to cool, to chill
Filo: edge, blade
Flan: crème caramel
Fondo: bottom
Frío: cold
Gramo: gram, gramme
Hervir: to boil
Horno: oven
Huevo: egg
Individual: unipersonal
Ingrediente: ingredient
Introducir: to place
Leche condensada: condensed milk
Leche: milk
Marrón: brown
Mezcla: mixture
Mezclar: to mix
Mientras tanto: in the meantime
Mililitro: millilitre
Molde: mould, mold

Pared: wall

Pequeño: small

Plato: plate, dish

Poner: to put

Precalentar: preheat

Preparación: preparation

Rallado: grated

Servir: to serve

Truco: trick

Varilla: rod (to beat)

Verter: to pour

Voltear: to turn over, to flip

LET'S COOK
SPANISH FOOD

CHIPIRONES EN SU TINTA

Ingredientes para 4 personas

1 kg de chipirones

2 cebollas

6 tomates maduros

1 taza de salsa de tomate frito

3 bolsitas de tinta de calamar

Aceite

Sal

Preparación

Comprar los chipirones limpios y cortar los tentáculos en trocitos pequeños para rellenar los chipirones. Cerrarlos con un palillo para que no se salga el relleno.

Picar la cebolla muy fina, rallar los tomates y sofreír.

Echar la salsa de tomate y dejarlo a fuego suave unos 10 minutos.

Añadir los chipirones al sofrito, salar al gusto y cocer durante 30 minutos.

Retirar y reservar los chipirones.

Añadir al sofrito las bolsas de tinta y la miga de pan remojada para espesar la salsa. Mezclar todo bien y pasar por el colador.

Colocar de nuevo los chipirones sobre la salsa una vez colada y cocer 10 minutos más.

Los chipirones ya estarán listos para comer.

Truco – consejo

Añadir a la salsa la miga de tres rebanadas de pan para espesar la salsa.

Vocabulario:

Aceite: oil
Añadir: to add
Bolsita: small bag
Calamar: squid
Cebolla: onion
Cerrar: to close
Chipirón: cuttlefish, squid
Cocer: to cook, to boil
Colar: to strain
Colocar: to put
Comprar: to buy
Consejo: tip
Cortar: to cut
Echar: to pour
Espesar: to thicken
Estar listo: to be ready
Fina: fine
Fuego suave: low heat
Ingrediente: ingredient
Kilogramo: kilogram

Limpio: clean
Maduro: ripe
Mezclar: to mix
Miga: crumb
Palillo: stick, toothpick
Pan: bread
Pequeño: small
Picar: to poch
Preparación: preparation
Rallar: to grate
Rebanada: slice
Rellenar: to fill
Relleno: filling, stuffing
Remojada: soaked
Reservar: to set aside
Retirar: to remove
Sal al gusto: salt to taste
Sal: salt
Salir: leak out
Salsa: sauce
Sofreír: to stir-fry, to sauté
Sofrito: stir-fry

Taza: cup

Tentáculo: tentacle

Tinta: ink

Tomate frito: fried tomato

Tomate: tomato

Trozo: piece

Truco: trick

LET'S COOK
SPANISH FOOD

PATATAS A LA RIOJANA

Ingredientes para 4 personas

5 patatas

1 cebolla

4 dientes de ajo

200 gr de chorizo

Aceite de oliva

Preparación

Pelar y cortar las patatas en trozos no muy grandes.

Pelar y picar la cebolla junto con los ajos.

Cortar el chorizo en rodajas.

Poner a calentar en una cazuela tres cucharadas grandes de aceite, a fuego suave. Sofreír el ajo y la cebolla.

Incorporar al sofrito el chorizo y las patatas para rehogarlas durante aproximadamente unos 5 minutos.

Verter el agua hasta cubrir las patatas, agregar sal al gusto y dejar cocer durante 10 minutos o hasta que las patatas estén tiernas.

Servir las patatas, junto con el chorizo, en un plato hondo. Bañar con la salsa de la cocción.

Truco - consejo

Para que el caldo espese y no quede muy líquido, cortar las patatas en "chasquido". Se pueden añadir unas guindillas verdes para comer en un plato aparte.

Vocabulario:

Aceite de oliva: olive oil

Agregar: to incorporate, to add

Añadir: to add

Aparte: apart

Bañar: to coat

Caldo: stock

Calentar: to heat

Cazuela: pan, cooking pot

Cebolla: onion

Chasquido: crack

Chorizo: chorizo, spicy pork sausage

Cocción: cooking

Cocer: to cook, to boil

Comer: to eat

Consejo: tip

Cortar: to cut

Cubrir: to cover

Cucharada: soup spoon

Diente de ajo: garlic clove

Espesar: to thicken

Fuego suave: low heat

Gramo: gram, gramme

Guindilla: chilli pepper

Incorporar: to add, to include

Ingrediente: ingredient

Líquido: liquid

Patata: potato

Pelar: to peel

Picar: to poch

Plato hondo: soup dish

Plato: plate

Poner: to put

Preparación: preparation

Rehogar: to fry lightly, to sauté

Rodaja: slice

Sal al gusto: salt to taste

Salsa: sauce

Servir: to serve

Sofreír: to stir-fry, to sauté

Tierna: tender

Trozo: piece

Truco: trick

Verde: green

Verter: to pour

LET'S COOK
SPANISH FOOD

ARROZ CON LECHE

Ingredientes para 4 personas

200 gr de arroz

1 litro de leche

100 gr de azúcar

1 rama de canela

La corteza de ½ limón

Preparación

Verter el arroz en una cazuela y cubrirlo de agua. Poner a cocer 5 minutos a fuego medio. Escurrir y aclarar con agua fría. Escurrir de nuevo y ponerlo en la cazuela.

En un recipiente aparte calentar la leche y, al empezar a hervir, verter sobre el arroz y agregar el azúcar, la corteza de limón y la canela en rama. Remover todo con una cuchara de madera y dejar cocer, tapado, a fuego suave durante 20 minutos.

Cuando el arroz esté listo, servir en copas y espolvorear con canela en polvo.

Truco - consejo

Retirar al limón los restos de piel blanca, antes de utilizarlo, para que no quede sabor amargo.

Vocabulario:

Aclarar: to rinse
Agregar: to incorporate, to add
Agua: water
Amargo: bitter
Aparte: apart
Arroz: rice
Azúcar: sugar
Blanca: white
Calentar: to heat
Canela en polvo: cinnamon
Canela en rama: cinnamon stick
Cazuela: pan, cooking pot
Cocer: to cook, to boil
Cocinar a fuego medio: to cook over medium heat
Consejo: tip
Copa: cup
Corteza de limón: lemon rind
Cubrir: to cover
Cuchara: spoon
Escurrir: to drain

Espolvorear: to sprinkle
Fría: cold, chill
Fuego suave: low fire
Gramo: gram, gramme
Hervir: to boil
Ingrediente: ingredient
Leche: milk
Limón: lemon
Madera: wood
Piel: peel
Preparación: preparation
Remover: to stir
Restos: rests
Retirar: to remove
Sabor: flavour, flavor
Servir: to serve
Tapar: to cover (with a lid of a pot)
Truco: trick
Utilizar: to use
Verter: to pour

LET'S COOK
SPANISH FOOD

TORTILLA DE ATÚN

Ingredientes para 4 personas

8 huevos

200 gr. de atún en aceite de oliva

½ cebolla

Perejil

Sal

Preparación

Pelar y picar la cebolla y el perejil. Freír la cebolla en una sartén con un poco de aceite hasta que esté dorada. Agregar el atún desmenuzado a la sartén, junto con el perejil.

Batir los huevos y echar una pizca de sal.

Mezclar los huevos con el atún y la cebolla y verter en una sartén con unas gotas de aceite caliente.

Cuando el huevo cuaje por un lado, darle la vuelta para dorar por el otro lado.

Servir caliente.

Truco – consejo

El huevo cuajará mejor si la sal se añade en el último momento.

Vocabulario:

Tortilla: omelette
Atún: tuna
Huevo: egg
Aceite de oliva: olive oil
Cebolla: onion
Perejil: parsley
Sal: salt
Pelar: to peel
Picar: to poch
Freír: to fry
Sartén: frying pan
Dorada: brown
Agregar: to incorporate, to add
Desmenuzado: shredded
Batir: to beat, to whisk
Pizca: pinch
Mezclar: to mix
Verter: to pour
Gota: drop
Caliente: hot

Cuajar: to curl

Lado: side

Dar la vuelta: to flip

Servir: to serve

Truco: trick

Consejo: tip

TABLA DE EQUIVALENCIAS / CONVERSION TABLE

Nuestra recomendación es conseguir recipientes con las medidas tanto en el sistema decimal como en el sistema anglosajón.

En cualquier caso, estas equivalencias os ayudarán.

Our recommendation is to get containers where indicate both the measurements in the decimal system and in the English/American system.

In any case, these equivalences will help you.

Abreviaturas/ Abbreviation

Libras = lb.
Onzas = oz.

Onza líquida = *fl oz.*

Gramos = gr.

Kilogramos = kg.

Litros = l.

Mililitros = ml.

Temperatura en grados Celsius = T ºC

Temperatura en grados Fahrenheit = T ºF

Volumen

1 onza líquida (American) = 29,5 ml.

1 onza líquida (British) = 28,4 ml.

36 onzas líquidas = 4 ½ tazas = 1 l.

Masa

1 onza = 28 gr.

16 onzas = 1 libra = 450 gr.

36 onzas = 2 ¼ libras = 1 kg.

Cups (tazas)

- 1 *cup* de líquido (liquid) = 250 ml.
- 1 cup de sólido (solid) = 250gr. = 8,75 oz.
- 1 *cup* de harina (flour) = 128 gr.
- 1 *cup* de azúcar (sugar) = 201 gr.

Spoons (cucharas)

- 1 teaspoon = 5 ml.
- 1 tablespoon = 15 ml. o 3 teaspoons

Equivalencias de temperatura

Fahrenheit (°F)   Centígrados (°C)
Descripción

Fahrenheit (°F)	Centígrados (°C)	Descripción
250°F	120°C	Bajo (low)
350°F	180°C	Moderado (medium)

400°F 200°C Caliente (hot)
450°F 230°C Muy caliente (very hot)

Equivalencias en peso

1 Kilogramo = 1000 Gramos = 35,3 Onzas = 2,20 Libras

1 onza = 38,35 gramos

1 libra = 453,6 gramos

1 kilo = 2,2 libras

1 libra = 16 onzas

1 gramo = 0,0353 onzas

Equivalencias en volúmenes

1 Litro = 1000 mililitros = 0,26 galón = 1 cuarto = 2 pintas

Notas / Notes:

Notas / Notes:

Notas / Notes:

Notas / Notes:

Notas / Notes:

¡Buen provecho!

Bon appétit

http://improve-spanish-reading.webnode.es/

If you have any problems or suggestions, please contact us at the following email address:

improvespanishreading@gmail.com

Otros títulos de la colección

Novelas graduadas

Printed in Great Britain
by Amazon